Alexandre GANE

DOCTEUR EN DROIT

LES SOLUTIONS ÉCONOMIQUES ROUMAINES

La Commercialisation

DES

Entreprises d'État

LE TEXTE COMPLET DE LA LOI ROUMAINE DU 6 JUIN 1924,
CONCERNANT LE CONTRÔLE ET LA COMMERCIALISATION DES
ENTREPRISES D'ÉTAT, ET SON EXPOSÉ DES MOTIFS

PARIS

JOUVE & Cᴵᴱ, ÉDITEURS

15, rue Racine, 15

1924

La Commercialisation

IDES

Entreprises d'État

Alexandre GANE

DOCTEUR EN DROIT

LES SOLUTIONS ÉCONOMIQUES ROUMAINES

La Commercialisation

DES

Entreprises d'État

LE TEXTE COMPLET DE LA LOI ROUMAINE DU 6 JUIN 1924,
CONCERNANT LE CONTROLE ET LA COMMERCIALISATION DES
ENTREPRISES D'ÉTAT, ET SON EXPOSÉ DES MOTIFS

PARIS

JOUVE & CIE, ÉDITEURS

15, rue Racine, 15

1924

« Le Pays des bouches du Danube »

*Depuis bientôt trois quarts de siècle les grandes
Puissances européennes se sont particulièrement
intéressées du sort politique et économique de la
Roumanie. Sans doute, la position géographique de
ce pays devait attirer l'attention de tous ceux qui se
préoccupaient de l'équilibre européen, susceptible
d'assurer la paix et le développement du vieux con-
tinent.*

*De nos jours la nouvelle Roumanie doit intéres-
ser beaucoup plus encore ses alliés d'hier, fidèles amis,
quoique généralement lointains, ainsi que ses voisins, dont les sentiments envers ce pays ne sont pas
encore tellement nets qu'on puisse savoir si en les
nommant « ennemis » on emploie un qualificatif qui
se réfère au passé, et si en les appelant « amis » on
n'envisage pas plutôt un espoir pour l'avenir.*

*La Roumanie est en plein travail législatif. On
s'occupe, en effet, sans cesse depuis la réforme cons-
titutionnelle de l'année dernière, de l'élaboration
des mesures législatives touchant au domaine économique. La mise en valeur des innombrables ri-*

chesses du sous-sol roumain, de celles formant le décor pittoresque de ses belles montagnes, la captation de l'énergie, non encore utilisée, des chutes, des cours d'eau et des lacs, ainsi qu'un meilleur rendement de l'agriculture et des pêcheries, exigent l'élaboration de projets d'exploitation précis et urgents, ayant pour but de permettre au pays de prendre au maximum son essor économique.

Pourquoi donc de tous côtés, amis ou simples voisins doivent-ils fixer leur attention sur le mouvement économique roumain? Pourquoi doit-il en être ainsi et pourquoi les autres nations doivent-elles considérer favorablement le progrès économique de ce pays? Dans un discours, prononcé récemment au Sénat, le grand homme d'Etat et économiste qu'est M. Vintila Bratiano, dans une phrase heureuse répondait par avance à la question que nous posions tout à l'heure. Il disait :

« LA GRANDE ROUMANIE C'EST LE PAYS DES BOUCHES DU DANUBE. »

Tous ceux animés des meilleurs sentiments de paix politique et économique doivent, par conséquent, s'intéresser du sort de la seule digne sentinelle pour ce poste avancé.

CE Q'UEST LA LOI ROUMAINE RELATIVE A LA COMMERCIALISATION DES ENTREPRISES D'ÉTAT

La récente loi roumaine concernant la commercialisation des entreprises de l'Etat est à coup sûr le commencement d'une ère heureuse pour la vie économique de la Roumanie. Elle porte le coup de grâce au système très critiquable de l'Etat entrepreneur et constitue assurément une mesure législative satisfaisante, dont la grande hardiesse n'a pas trouvé d'égale ailleurs. *Pour un pays aussi riche, mettre tardivement en valeur des biens considérables ou les laisser en grande partie à la merci de l'Etat enchaîné par la routine et la bureaucratie, constitue une grande faute, qui peut le mener rapidement à sa perte.* C'est ainsi que malgré ses considérables richesses naturelles, la Roumanie est loin d'avoir, à raison des errements malheureusement suivis, une situation financière satisfaisante.

Les deux hommes d'Etat signataires du projet, concernant la commercialisation des entreprises d'Etat sont les plus représentatifs de la tendance nouvelle de l'Etat roumain, qui veut écarter de son chemin les obstacles qui le retardent dans sa route vers le « meilleur ». Nous convions le lecteur à lire attentivement l'exposé des motifs de la loi, que nous reproduisons en traduction d'autre part. MM. Vintila Bratiano et Tancred Constantinesco, grands experts dans les questions économiques de la nouvelle Roumanie, ont exposé magistralement les désavantages des exploitations étatistes actuelles et tout en annonçant la fin de la concession et des entreprises en régie simple, ils ont trouvé la meilleure solution pour le moment : *la régie coïntéressée*, laissant autant que possible ouverte la porte à la coopération et admettant par avance certaines revendications ouvrières telles que la participation aux bénéfices.

Pour éviter les désavantages des entreprises d'Etat arriérées et généralement en déficit par suite du manque d'initiative, de la routine, de la bureaucratie, de la comptabilité compliquée, le législateur roumain veut désormais que les entreprises d'Etat, qui ne touchent pas directement à la défense nationale, soient exploitées comme le sont les entreprises particulières. Tout d'abord il veut attirer le capital privé vers ces exploitations, qui constitueront à l'avenir des sociétés par actions où l'apport de l'Etat (généralement l'usage d'un bien) s'associera à l'épargne particulière. D'ailleurs, on ne voit que cette seule solution pour trouver les fonds nécessaires à l'exploitation des biens que l'Etat possède, sans avoir, toutefois, les ressources immédiates nécessaires pour assurer l'exploitation. Evidemment on ne pouvait admettre la participation des capitaux privés à l'exploitation des services, qui quoique ayant un caractère commercial certain, intéressent au premier chef la défense nationale : ainsi en est-il des chemins de fer, des postes, des télégraphes et des téléphones, des ateliers spéciaux de l'armée, etc. Pour les autres biens ayant un caractère nettement commercial, tel que les pêcheries, les mines, les forêts, etc., la collaboration du capital particulier et de l'apport de l'Etat permettra de constituer des sociétés par actions semblables aux sociétés commerciales privées. Un conseil d'administration, des directeurs et des techniciens débarrassés de toute routine, assureront la direction de l'exploitation, suivant les principes adoptés par les entreprises modernes, conformément aux règles de la comptabilité commerciale, etc.

La loi a été conçue de manière à intéresser employés et ouvriers à la bonne marche des entreprises, elle institue, en effet, la participation aux bénéfices au profit de ceux qui par leur travail contribuent à réaliser ces bénéfices.

De plus, le public en général aura tout intérêt à la réussite des entreprises d'Etat commercialisées en vertu de cette loi. Aussi le législateur veut que la grande masse participe à la constitution et à l'administration de pareilles entreprises. En effet, la loi dispose que la souscription publique et l'attribution des actions, de préférence aux petits souscripteurs, sera effectuée par les soins d'une commission dont la composition même garantira l'impartialité (hauts magistrats, etc.).

Pour réaliser une « *démocratisation du capital* » et éviter en même temps une concentration, entre les mains de quelques grands capitalistes, des biens nationaux, on a limité le nombre maximum des voix qui pourraient être attribuées à un actionnaire.

Enfin, ceux qui en 1877 voulaient bien d'une indépendance politique « *par eux-mêmes* », n'ont pas cessé de proclamer que l'indépendance économique doit être réalisée en vertu de la même devise : « *Par nous-mêmes* ». C'est pour cette raison que les statuts d'une entreprise commercialisée doivent prévoir que les actions seront nominatives et transmissibles à la suite d'une autorisation spéciale seulement, que les deux tiers du conseil d'administration, du comité de direction, ainsi que le président et le directeur seront Roumains ; que la proportion du personnel roumain doit atteindre dans un certain délai 75 o/o ; que ce personnel doit recevoir également 75 o/o des salaires ou des indemnités.

Mais la Roumanie ne peut se passer de la collaboration des capitaux étrangers. Le pays ne saurait se contenter des faibles disponibilités de l'épargne nationale pour constituer les capitaux importants que nécessitent les nombreuses entreprises qui auront à exploiter les richesses, encore inexplorées, du Pays. La loi prévoit donc l'admission des capitaux et des techniciens étrangers, mais moyennant une autorisation spéciale ; et s'il s'agit de capital étranger, celui-ci n'est admis que dans la proportion de 40 o/o seulement par rapport au capital national.

Enfin, la loi prévoit l'institution d'un Conseil

supérieur de contrôle et de direction, composé de manière à assurer le meilleur acheminement des entreprises économiques de l'Etat, et une impartialité autant que possible parfaite ; le contrôle du Pays y est assuré par deux de ses représentants. C'est ainsi que dans ce Conseil supérieur, à côté des magistrats les plus considérables du pays, on trouvera les représentants du Parlement, ainsi que les spécialistes nécessaires.

Le législateur, afin d'assurer à ces entreprises les qualités des exploitations privées et d'enrayer toute intervention fâcheuse de l'Etat, est allé plus loin encore. Il assura, à cet effet, la prépondérance des voix des capitalistes privés dans les conseils d'administration, de même que dans les assemblées générales. Ainsi les deux tiers des membres du Conseil d'administration seront élus par l'assemblée générale des actionnaires, le gouvernement n'ayant droit qu'à la nomination d'un tiers. Dans un esprit largement démocratique on a fait une place dans les conseils d'administration, ainsi que dans le Conseil supérieur de contrôle et de direction, aux représentants du Travail.

On est allé même plus loin. Pour attirer les capitaux privés, la part de bénéfices de l'Etat est en partie consacrée à la rémunération du capital privé. C'est d'ailleurs le point faible et critiquable de la loi, mais dont, malgré tout, l'opposition ne sut pas profiter comme il aurait fallu. C'est ainsi que l'opposition a paru ignorer les conditions de fait qui justifiaient cette mesure.

Pour assurer l'inaliénabilité des biens nationaux la loi précise que l'Etat fait généralement l'apport de l'usage de ses biens. D'ailleurs son apport en nature peut revenir à l'Etat à l'expiration du terme de l'entreprise, il a toujours, en effet, un droit de préférence sur cet apport.

Nous avons essayé d'indiquer en quelques mots les principes directeurs de cette importante loi. Assurément nous n'avons pas réussi à le faire d'une manière satisfaisante, aussi nous prions le lecteur de se référer au texte même de la loi, qu'il trouvera plus loin, pour mieux saisir l'importance de ses dispositions,

Nous aurons à dire quelques mots sur les critiques que cette loi suscita au sein du Parlement, critiques violentes, qui ont besoin d'être mises au point à raison des caractères particuliers du régime parlementaire et de la vie politique du royaume danubien.

Les critiques que l'opposition porta à la tribune pour combattre la loi concernant la commercialisation des entreprises de l'Etat. — La part des passions politiques.

Nous ouvrons ce chapitre pour les lecteurs s'intéressant à la vie économique roumaine et pour tous ceux induits en erreur par les bruits les plus fantaisistes que certaines feuilles mal renseignées cherchent à répandre dans le public sur la vie économique de la Roumanie. Ce pays en réalité ne demande qu'à produire pour le bien-être et la paix de son peuple et ne nourrit aucune idée impérialiste. Tous ceux qui agissent dans l'ombre et qui se croient capables de supporter des responsabilités, qui en réalité sont trop lourdes pour leurs faibles épaules, ne doivent être jugés que l'après la valeur de leurs arguments et de leurs actes et non pas d'après la violence des critiques qu'ils formulent.

L'opposition jugea — lors de la discussion de la loi — que le moment était propice pour porter un coup décisif au gouvernement qui — dans son idée — devait lui céder la place. Quoique certains économistes distingués aient pris la parole pour combattre la loi, cette éventualité ne se réalisa pas. Car laissant de côté l'objectivité qu'exige la discussion d'un projet aussi important, la discussion au lieu d'être sérieuse, se borna presque uniquement à un échange d'invectives. Quelles que soient les déclarations de l'opposition et ses menaces pour l'avenir, que les amis fidèles à la Roumanie se tranquillisent. Les auteurs de la loi, dignes héritiers de ceux qui ont eu les plus belles pensées libérales dans le passé, qui ont forgé l'indépendance politique roumaine, ceux qui ont réalisé en 1916 le rêve séculaire des Roumains en assumant toutes les responsabilités lorsqu'ils ont décidé de marcher à côté des alliés dans la guerre, ceux-là sont encore, à raison de leurs antécédents, les plus qualifiés dans le domaine économique pour réaliser les réformes nécessaires à la paix. En attaquant sur ce terrain le gouvernement, l'opposition ne se douta pas qu'elle était assurément très loin d'avoir trouvé « le talon d'Achille ».

* * *

Nous passerons vite sur les objections ayant un caractère personnel, purement subjectif et tâcherons ensuite d'examiner les quelques objections ayant une apparence objective.

Les orateurs opposants se sont tous accordés pour déclarer que le projet de loi poursuivait un but favorable à une politique de parti et qu'il visait à l'accaparement des biens de l'Etat par les partisans politiques du gouvernement qui l'avait présenté. On dénonçait de la sorte les intentions du grand *trust national* (?) qui maître déjà de la plupart des entreprises du pays voulait tout accaparer au profit de ses partisans. Simples insinuations ! On s'est trop attardé là-dessus. En effet, le Conseil supérieur, chargé du contrôle et de la direction des entreprises économiques commercialisées ou à commercialiser, est composé de personnalités, dont l'impartialité est indiscutable et de plus d'un sénateur et d'un député désigné par les Chambres. La souscription publique aux actions des entreprises et la préférence accordée à la grande masse des petits souscripteurs, sont autant de garanties pour la fortune nationale, qui sont susceptibles d'assurer la participation de tous les citoyens, sans distinction d'opinions politiques, aux entreprises d'Etat (voir les articles 5, 13 et 17 de la loi). Nous n'aurons pas à insister davantage sur des simples assertions d'ordre passionnel et passerons à l'examen des quelques objections dignes d'être discutées.

Les représentants de la nation et non pas le pouvoir exécutif, devraient décider de la commercialisation d'une entreprise et surtout de l'évaluation de l'apport de l'Etat

Tout le monde s'accorde à reconnaître que la concession a vécu, que ce système n'est plus en honneur aujourd'hui, du moins en Roumanie. Et ceci est exact dans un pays où le change est sujet à des fortes fluctuations. En effet, le revenu fixe que l'Etat toucherait, à la suite d'une concession pour une longue durée, pourrait très bien au bout d'une certaine période ne plus correspondre au revenu normal correspondant à la valeur réelle du bien concédé. La régie cointéressée quoique agréée par la plupart des économistes, est toutefois incapable de contenter certains esprits qui ne voudraient que d'une régie coopérative.

Suivant ici l'expérience de la pratique la loi décide que la commercialisation d'une entreprise d'Etat se fera à la suite d'un décret émanant du pouvoir exécutif et qu'en ce qui concerne l'évaluation de l'apport de l'Etat, c'est au Conseil supérieur de contrôle et de direction à l'effectuer. Cette solution fut combattue par l'opposition qui exigeait une loi spéciale pour chaque commercialisation, et, afin que la nation prenne une part effective à cette opération, le Parlement devrait procéder à l'évaluation de l'apport de l'Etat dans chaque cas par le moyen d'une loi.

Il est facile à voir qu'une pareille prétention est exagérée et de combien préjudiciable à la bonne marche des exploitations. Exiger une loi pour chaque mise en valeur d'une richesse surtout actuellement quand le pays n'est que trop pressé de réaliser l'exploitation de ses biens, c'est retarder le développement même de la vie économique de ce pays. *Au reste, ne pas avoir confiance dans les décisions du Conseil des ministres qui aura à statuer à ce sujet, considérer comme une garantie insuffisante la responsabilité minis-*

*térielle, et mettre en doute l'impartialité des magis-
trats et des hauts fonctionnaires appelés à siéger au
Conseil supérieur de contrôle et de direction, c'est se
donner un vote de blâme à soi-même, car les orateurs
méfiants d'aujourd'hui, seront peut-être demain
appelés à exercer les fonctions gouvernementales
déterminées par cette loi.*

Nous sommes, en outre, très surpris d'avoir vu
certains économistes prétendre que l'évaluation de
l'apport de l'Etat pourrait se faire à l'aide d'un acte
législatif. Tout d'abord le Parlement n'est pas
en état de procéder techniquement lui-même à de
pareilles évaluations. Il faudrait, au moins dans l'hypothèse où une pareille attribution lui serait conférée,
qu'il se trouvât au Parlement des techniciens spécialement capables d'effectuer ce travail. Il faudrait donc
changer de régime électoral. Car faute de ces spécialistes il arrivera fatalement avec un pareil système,
que l'évaluation se fera à tort et à travers. *Et en ce
cas contre la loi qui déciderait inexactement que
l'apport de l'Etat représente par exemple 3 millions
au lieu d'un, quel recours aurait-on ? Ce régime
aboutirait à éloigner tout simplement les capitaux
privés des exploitations dirigées par l'Etat (en réa-*

lité au bon gré d'une majorité parlementaire en fonc-
tion elle-même des vicissitudes électorales) à raison
du caractère essentiellement peu rassurant de ce sys-
tème pour les grands ou petits épargnants appelés à
confier leur argent aux entreprises nationales.

Mais aller jusqu'à prétendre que ne pas accorder cette attribution aux représentants de la nation serait anticonstitutionnel, n'est pas à coup sûr qu'une exagération de plus. D'ailleurs sur ce sujet qu'on nous permette de citer l'opinion de M. Dissesco, l'éminent professeur de droit constitutionnel à la Faculté de Droit de Bucarest, rapporteur de la loi au Sénat :

«... Les questions les plus importantes posées dans cet ordre d'idées sont :

« 1° L'Etat doit-il avoir la majorité dans les assemblées générales et dans les conseils d'administration, ou au contraire serait-il préférable que cette charge revienne aux actionnaires privés ?

« 2° L'Etat doit-il être autorisé à créer ces entre-
prises par des lois ou par des décrets, par un arrêté
ministériel ou même par une décision du pouvoir
judiciaire ?

« 3° Pour la création de pareilles entreprises, est-
il nécessaire qu'une loi intervienne ou qu'une auto-

*risation spéciale soit donnée pour chaque cas indi-
viduellement, ou bien une seule autorisation générale
suffit-elle ?* A la première question il n'y a qu'une
réponse à donner : non. *A la seconde question il
faut répondre qu'il est évidemment suffisant que le
Parlement donne les directives par la loi générale
concernant l'administration et le contrôle des entreprises.* M. le député Constant Georgesco a exposé
cette question la précisant magistralement. A notre
connaissance il existe ailleurs une loi générale dé-
terminant les règles concernant l'administration et le
contrôle des entreprises d'Etat. *Une pareille loi
n'est pas contraire à la Constitution, lorsqu'elle
précise de quelle manière s'effectueront les entreprises, ainsi que le veut la présente loi. Ensuite, je
crois qu'une loi générale est préférable, parce qu'au-
trement des contradictions pourraient se produire,
qui seraient de nature à empêcher la constitution
des associations et en particulier à éloigner les capitaux étrangers, ou encore à provoquer des faveurs.*

« Deux objections, en outre, ont été formulées
contre l'admission du projet de loi :

« 1° Qu'il porte atteinte à la garantie constitution-
nelle du Parlement, parce que la responsabilité con-

cernant l'administration des biens de l'Etat a été
écartée. L'Etat administrateur, devenu actionnaire,
reste ainsi soumis au droit commun (le for judiciaire),
en dehors de toute intervention parlementaire. C'est
une erreur et une confusion en même temps. En effet,
la responsabilité politique existe sous deux aspects :
celle des ministres et celle des subordonnés (administrateurs). La première a été établie et définie par
la Constitution et par la loi sur la responsabilité ministérielle. La loi que nous discutons ne porte atteinte
en rien à la responsabilité ministérielle. Tout autre
est la condition des agents secondaires et subordonnés. Suivant le droit commun ils restent soumis à
la disposition et à la direction des différentes auto-
rités organisées. La présente loi leur est en tout ap-
plicable et le Parlement peut contrôler leurs actes
comme il le fait en ce qui concerne les actes des
ministres. Et puis après, le Conseil supérieur, insti-
tué par la présente loi, n'est-il pas une garantie de
responsabilité, étant donné qu'il est composé de
hauts fonctionnaires, de magistrats et de parlemen-
taires ? Par conséquent le contrôle est pleinement assuré.

« 2º On a dit encore — *in cauda venenum* — que

cette loi est une nouvelle atteinte portée à la liberté. *Qu'elle constitue une dictature économique.* Pourquoi ? Une dictature économique, de même qu'une dictature politique, consiste dans l'accaparement des biens, des idées, des moyens d'action individuels et de l'exécution des buts. Quels droits individuels et économiques sont supprimés par cette loi ? Aucun. Au contraire, au lieu d'attribuer à l'Etat, ou à une autre personne morale, une faculté économique que nous aurions enlevée à un autre, nous prenons des mains de l'Etat certains droits économiques intégraux pour les livrer à la collaboration cointéressée. Bref, nous désirons l'enrichissement de l'Etat, en mettant mieux en valeur ce qui est à sa disposition, ainsi que le font les tendances et la volonté des énergies privées. »

La régie mixte coopérative

Certains orateurs de l'opposition indiquèrent comme seul moyen démocratique de la mise en valeur des richesses de l'Etat, la régie mixte coopérative. Nous devons remarquer d'ailleurs, que la loi prévoit que le capital privé préféré est le capital résultant de la coopération (voir l'article 4), et d'autre part, lorsqu'il s'agit de certaines entreprises forestières ou poissonnières les coopératives paysannes seront préférées aux termes de la loi, même si leur offre est inférieure de 5 o/o à la plus élevée des autres offres. Par conséquent, on ne peut accuser le législateur d'avoir négligé cet important chapitre. Mais, exiger de la régie coopérative la mise en valeur des biens de l'Etat roumain, biens qu'on peut estimer à plusieurs centaines de milliards, c'est vouloir l'impossible. Et si on pouvait imaginer même un immense mouvement coopératif du pays englobant sans exception tous les consommateurs, la coopération ne serait pour cela pas plus réalisable. Il est évident que le mouvement coopératif doit attirer l'attention des gouvernements démocratiques et la loi roumaine concernant la commercialisation des entreprises de l'Etat en fournit une preuve. Mais il faut tenir compte des réalités économiques et ne pas aller jusqu'à demander à la coopération actuelle en Roumanie, l'accomplissement de miracles. Toute argumentation méconnaissant la réalité des choses ne mérite pas d'être prise en considération.

La participation de l'Etat aux bénéfices lorsque son apport ne peut être évalué

Après avoir épuisé la question du grand «trust libéral-national», qui à lui seul — « mirabile dictu » — détient toute la richesse du pays, toute l'épargne, les orateurs opposants s'attaquèrent à la question de la rémunération du capital de l'Etat, dans le cas où son apport ne peut être évalué (art. 16).

Il peut arriver souvent, malgré l'affirmation contraire des certains orateurs, que l'apport de l'Etat ne puisse être évalué. Une mine par exemple, un gisement de pétrole, un lac qui n'a pas encore formé l'objet d'une exploitation, etc. Le législateur songea en ce cas à rémunérer en premier lieu le capital privé et ensuite l'apport de l'Etat, ce dernier touchant néanmoins à partir d'un certain chiffre de bénéfice — 35 o/o — la totalité. Ainsi la loi garantit toujours au capital privé une rémunération minima de 5 o/o et si le bénéfice net de l'entreprise ne dépasse pas 5 o/o du capital privé, ce bénéfice lui revient en totalité. Si le bénéfice net est inférieur à 10 o/o, le supplément au-dessus de 5 o/o revient pour parts égales à l'Etat et aux actionnaires. Lorsque le bénéfice ne dépasse pas 20 o/o, la partie au-dessus de 5 o/o revient pour 2/3 à l'Etat. Enfin si le bénéfice dépasse 20 o/o, mais est inférieur à 35 o/o, l'Etat a droit aux 3/4 de la partie de ce bénéfice comprise au-dessus de 5 o/o. Le capital privé n'a jamais droit à un dividende supérieur à 35 o/o et ce qui éventuellement dépasserait ce chiffre reviendrait à l'Etat (1).

Il faut noter malgré tout que cette répartition légale est minima : les conventions particulières peuvent être plus favorables à l'Etat.

C'est ici le point le plus discutable de la loi.

L'opposition a protesté, voyant là un vol manifeste des biens de l'Etat, elle a dénoncé les mesures personnelles de ceux qui ont élaboré la loi et a conclu, en définitive, que l'Etat frustré ouvertement n'obtiendra pas plus de revenus des futures entreprises commercialisées qu'il n'en retire actuellement de ses entreprises mal organisées (2).

---

1. Le lecteur ne doit pas s'étonner que la loi prévoit l'éventualité d'un bénéfice supérieur à 35 o/o. Le rendement des entreprises roumaines bien exploitées pourrait atteindre des chiffres plus élevés encore.

2. *Les partis opposants — national et paysan — par les voix autorisées de leurs représentants lurent avant le vote définitif de la loi deux déclarations courtes mais catégoriques. Ces partis n'entendent pas reconnaître cette loi et dès leur arrivée au pouvoir sont décidés*

Les défenseurs du projet ont ensuite indiqué le déficit considérable des entreprises d'Etat (mines de charbon, de fer, installations métallurgiques), déficit économiquement injustifiable étant donné les importants bénéfices que réalisent les entreprises privées voisines, cependant pas plus avantagées au point de vue de la richesse du terrain d'exploitation. Le ministre de l'Industrie et du Commerce est arrivé aisément à établir que l'Etat est désavantagé en apparence seulement, car la proportion d'après laquelle les bénéfices seront répartis est, en effet, la suivante :

Si le capital particulier touche	7,50 o/o l'Etat, aura		2,50 o/o
—	11,68 o/o	—	8,32 o/o
—	16,26 o/o	—	13,74 o/o
—	**17,50** o/o	—	**17,50** o/o
—	18,66 o/o	—	21,24 o/o
—	21,26 o/o	—	28,74 o/o
—	23,76 o/o	—	36,24 o/o
—	26,36 o/o	—	43,64 o/o
—	28,76 o/o	—	51,24 o/o
—	**35** o/o	—	**70** o/o

à l'abroger. Ces déclarations seraient vraiment bien graves si auparavant différents membres de ces deux partis n'avaient pas proposé des amendements admis généralement par la Chambre.

Il est un fait acquis par conséquent, c'est que les dites déclarations paraissent caduques.

Par conséquent si l'Etat est désavantagé jusqu'au bénéfice de 17,50 o/o, à ce moment l'Etat et le particulier touche la même somme ; au-dessus, le bénéfice de l'Etat est considérablement supérieur à celui des particuliers et si l'entreprise |est florissante et en état de donner au capital privé une rémunération de 35 o/o, par exemple, l'Etat touchera alors le double, soit 70 o/o. Ces chiffres sont indiscutables. Nous croyons pourtant que ni les défenseurs du projet, ni les orateurs opposants n'ont pas apporté suffisamment de précision à leur argumentation. Il est certain que l'Etat n'est pas rémunéré dans la même proportion que le capitaliste particulier. Cela est évident et nul n'a besoin de plaider contre l'évidence. Mais il y a bien des motifs qui justifient cette différence de traitement. Considérons un peu ce qui se passe actuellement sur le marché financier roumain. La pratique de la déflation monétaire, seul moyen d'assainir les finances du pays, a amené une raréfaction des capitaux et du crédit. Le taux de l'intérêt est monté à 30 o/o en moyenne ! Petits et grands épargnants s'improvisent prêteurs et même usuriers. Dès lors, pourquoi chercher une autre source de revenus neufs, lorsque l'usure très productive est d'usage courant ? Pourquoi risquer son épargne dans les entreprises commerciales aléatoires, de pétrole, de navigation ou autres ?

Si la loi tout en admettant une parfaite égalité de participation aux bénéfices de la part de l'Etat et des particuliers, avait fait appel seulement aux plus hauts sentiments patriotiques des épargnants, le but n'aurait jamais été atteint. Celui qui veut placer ses disponibilités financières ne prend jamais le patriotisme comme guide, mais son propre intérêt. Si l'usure peut lui procurer un revenu de 30 o/o, il serait extraordinaire qu'il consente à confier ses capitaux à des entreprises dont le revenu est toujours aléatoire, alors surtout que son revenu serait réduit disons de 30 o/o à 5 o/o par exemple ! Et si une distillerie d'alcools industriels de mauvaise qualité, dont les produits dangereux empoisonnent la race, lui offrait pour ses capitaux 25 o/o de bénéfice, je ne crois pas que le plus illuminé des épargnants ait le courage de lui préférer une boulangerie coopérative à but éminemment utile, mais à bénéfices réduits, qui ne lui donnerait comme rémunération que 5 o/o. Nous pensons donc que le législateur fut dans le vrai et qu'il ne négligea pas l'importance des réalités lorsqu'il décida, grâce à une répartition des bénéfices peut-être défectueuse, d'attirer le plus possible les capitaux particuliers nationaux ou étrangers.

On pourrait objecter — il est vrai — que la situation monétaire actuelle quoique très mauvaise n'est que passagère (idée que nous n'admettons d'ailleurs pas, car en Roumanie on commence à peine à appliquer les systèmes déflationnistes) et déduire d'ici que la loi ne devait pas engager de la sorte l'avenir qui présente de belles perspectives.

Il ne faut pas oublier, répondrons-nous, tout en supposant l'état financier actuel comme une situation provisoire, *que la Roumanie a hâte de mettre en valeur ses richesses. Attendre encore pour réaliser cette œuvre serait courir à la ruine.* Nous nous sommes prononcés ailleurs contre la fameuse politique de la réserve pétrolière pour la même raison (1).

Si le capital privé ne trouvait aux placements faits en Roumanie, un avantage important, cet avantage soit-il consenti au dépens de l'Etat, il ne se déciderait pas à s'associer aux entreprises d'Etat commer-

---

1. *Le régime minier roumain et la nationalisation du sous-sol.* Paris, 1924.

cialisées. Dans les affaires ce n'est que l'importance du bénéfice qui compte ; le producteur et le consommateur ont un intérêt identique en ce sens qu'une fabrication soignée a le double avantage de satisfaire le consommateur et d'autre part en accroissant la vente du produit d'être avantageuse pour le producteur qui voit dans la même mesure s'accroître ses bénéfices. Pas de bénéfice important, pas d'association avec l'épargne privée et par conséquent pas de mise en valeur des biens nationaux, donc pas de redressement économique. Mais il y a, en outre, une autre considération. Il convient de faire une place au cas d'un apport qui ne peut être évalué et la loi précise que l'évaluation peut être rendue impossible » soit à raison de la nature de l'apport, soit à cause de la situation du change, soit pour toute autre cause ». Il s'agit généralement d'ailleurs d'un apport en nature. En ce cas l'Etat vient avec un bien qu'il possède déjà, bien qui n'a pas été encore mis en valeur, mais dont l'évaluation est difficile sinon impossible et dont l'exploitation est aléatoire, un gisement de pétrole par exemple.

Dans ces conditions l'Etat cherche l'argent nécessaire à l'entreprise en s'adressant aux particuliers et

dès lors il ne peut avoir la prétention de se voir attribuer les mêmes bénéfices que celui qui risque ce
qu'il a déjà épargné, qui risque dans cette entreprise,
aléatoire en somme, ce qu'il peut placer aisément ailleurs. En toute hypothèse si l'entreprise ne réussit pas,
l'Etat recouvrera toujours la possession de son apport
en nature, qui ne peut être aliéné. Il était improductif
avant la tentative d'exploitation, il le sera de même
après. Il n'y a ni perte, ni gain. Mais quelle sera,
dans ce même cas, la situation de l'épargnant qui a
aidé l'Etat avec ses capitaux au lieu de les prêter à
ceux qui l'assaillissaient de tous côtés en lui offrant
de très fortes rémunérations ? Il aura sinon tout
perdu, du moins réalisé un bénéfice dérisoire. C'est
lui qui aura risqué le plus, par conséquent c'est lui
qui aurait logiquement le plus de droit aux bénéfices :
il n'en aura qu'une petite part. Mais les dispositions
de la loi ne sont injustes qu'en apparence, car la loi
n'établit qu'une règle des plus normale et des plus
courante dans la vie économique et financière à savoir : rémunérer celui qui risque le plus au dépens
de celui qui sollicite les capitaux nécessaires à la mise
en valeur de ses richesses, capitaux qui sont, en
outre, très rares. C'est bien une preuve que le légis-

lateur se modernise et rompt avec les théories étatistes qui n'ont plus cours actuellement.

Que l'Etat liquide ses biens !

A titre de simple curiosité nous devons ajouter
qu'un député, M. Sever Dan, membre marquant d'un
parti roumain et « national » (!), de l'opposition bien
entendu, proposa la liquidation des biens de l'Etat
comme étant plus avantageuse que leur commercialisation. Heureusement, il déclara avoir énoncé une
opinion strictement personnelle. Heureusement ! ré-
pétons-le, sans autre commentaire, car une pareille
opinion, personnelle ou non, ne peut même pas être
prise en considération.

* * *

Enfin toujours à titre de curiosité, nous mention-
nerons l'idée d'un autre orateur opposant, éminent
historien en même temps, qui remarqua que de tout
temps on s'est élevé contre l'Etat, jadis à raison de
son organisation féodale ou absolue, aujourd'hui
parce que mauvais commerçant et entrepreneur in-

capable. Evidemment l'orateur pensait à l'Etat « autorité publique » et le confondait avec l'Etat effectuant la gestion de son domaine et de ce fait obéissant dans une large mesure aux règles de droit commun.

D'ailleurs aujourd'hui, en Roumanie du moins, on ne discute même plus la question de savoir si l'Etat est bon ou mauvais entrepreneur. Puisque les chiffres sont plus concluants on se contente simplement de constater qu'il exerce cette profession d'une manière inopportune.

*　*　*

Nous avons ainsi résumé les principales discussions suscitées par cette importante loi, tout en y ajoutant quelques observations personnelles, sans aller toutefois jusqu'à nous engager dans un exposé complet de cette œuvre législative et des problèmes économiques très intéressants que la loi fait naître. Tout en constatant la nécessité urgente pour la nouvelle Roumanie d'une législation systématique et étudiée susceptible de faciliter la mise en valeur de ses richesses, nous avons essayé de tracer le carac-

tère général du premier essai législatif dans ce sens,
essai qui aboutira, nous en sommes convaincus, à
des dispositions précises qui assureront la tranquil-
lité, le progrès et le développement économique du
Pays des bouches du Danube. Pour tous ceux s'intéressant au mouvement juridique et économique de
la nouvelle Roumanie, nous avons jugé utile de
reproduire la traduction du texte de la loi concernant
la commercialisation des entreprises d'Etat, ainsi que
son exposé des motifs. Les amis des roumains pourront juger ainsi des intentions économiques et nationales de ce pays qui veut arriver au but à la fois par
les moyens les plus intelligents et les plus rapides.

L'exposé des motifs du projet de la loi concernant la commercialisation et le contrôle des entreprises économiques de l'Etat.

L'économie publique des Etats modernes s'appuie
sur la contribution de tous les citoyens. Les revenus
domaniaux, qui formaient jadis les seules ressources
des régies et plus tard des administrations publiques,
se sont considérablement réduits et en grande partie ne figurent plus dans les budgets des Etats.

Dans la mesure où l'Etat abandonne certains domaines de son patrimoine (les domaines ruraux par exemple), il voit augmenter néanmoins son patrimoine par la mise en valeur de certains droits régaliens, que l'organisation économique et sociale d'aujourd'hui lui attribue spécialement dans le but de le faire accomplir un rôle d'intérêt général.

Les nouveaux droits régaliens que l'Etat est appelé à mettre en valeur constituent bien des ressources pour l'administration publique, mais ils ne se sont point imposés par les ressources financières qu'ils produisent. Ainsi, la défense nationale exige que l'Etat tienne dans sa main tous les moyens de transport ; mais subsidiairement ceux-ci peuvent procurer des ressources financières, si leur exploitation est bien dirigée au point de vue économique. En outre, la production moderne est conditionnée par l'utilisation des sources d'énergie. Or, l'acheminement de l'économie nationale, un des buts principaux de l'Etat, lui impose l'organisation de la production et la mise en valeur de certaines sources d'énergie et lui crée ainsi un droit régalien qui peut lui procurer quelques ressources financières.

Enfin, la possession des richesses du sous-sol,

créées sans le concours du travail humain, attribue
à l'Etat le droit d'en tirer profit.

Par conséquent, le patrimoine de l'Etat augmente
mais le but de son exploitation d'une part, et sa
mise en valeur d'une autre sont deux choses différentes.

Si le projet de loi que nous soumettons à vos
débats change la manière d'administrer et de mettre
en valeur certains biens de l'Etat, en les mettant
sous la direction des nouvelles organisations qu'il
crée à cet effet, cela ne veut pas dire que le patrimoine de l'Etat ou ses revenus sont diminués. Ce
patrimoine reste inaliénable, quel que soit le mode
de sa mise en valeur.

La politique des Etats modernes montre une tendance, de plus en plus accentuée, à élargir la sphère
d'activité économique de l'Etat. Le projet de loi présent suit ce chemin parce qu'il donne à l'Etat la possibilité d'utiliser et de mettre en valeur certains
nouveaux droits régaliens, nés naturellement de
l'organisation et du fonctionnement de la vie économique moderne.

*Nous tenons à accentuer, que le projet de loi que
nous soumettons à vos débats, ne part pas de l'idée*

d'aliéner quelque partie que ce soit du patrimoine de l'Etat et il ne veut pas arriver à cela par son application. Il poursuit un changement radical dans l'administration des biens de l'Etat, afin d'obtenir le plus grand rendement.

* * *

Dans l'exploitation et l'administration des biens de l'Etat on s'est toujours servi et on continue encore à pratiquer un des trois principaux systèmes suivants : la concession, la régie d'Etat et la régie cointéressée. Sans faire l'analyse critique de ces systèmes, on sait que la concession est un système désavantageux pour l'Etat et il est abandonné, tandis que la régie d'Etat et la régie cointéressée se sont imposées dans ces derniers temps dans les Etats bien organisés, car ces systèmes conviennent mieux à de certaines entreprises économiques de l'Etat. Ainsi la régie d'Etat pour les postes et les télégraphes ou le chemin de fer et la régie cointéressée pour les entreprises économiques de l'Etat où la défense, la sûreté, la salubrité ou la culture nationales ne sont pas en jeu.

La régie directe d'Etat s'impose aux C. F. R., P. T.

T., et R. M. S. (1) parce que dans ces entreprises il y a un intérêt décisif d'Etat, qui touche à la défense nationale, aux finances publiques ou à l'acheminement d'une politique économique générale. Néanmoins, l'organisation et la direction même de ces entreprises doivent être modifiées. Il est nécessaire de donner l'autonomie et la liberté de mouvement aux entreprises qui, de par leur nature, fonctionnent comme toute autre entreprise commerciale.

Ainsi, les entreprises en régie d'Etat ne doivent plus être dirigées par la bureaucratie habituelle des administrations publiques, par contre, elles doivent constituer des organisations distinctes, ayant leurs propres conseils d'administrations composés de gens connaisseurs de la vie économique pratique et représentant eux-mêmes ceux qui ont tout intérêt à ce que les C. F.R. ou P. T. T. prospèrent. *La gestion doit suivre les normes de la comptabilité commerciale, ayant l'élasticité que comportent les entreprises commerciales.* Elles doivent faire leurs bilans et vivre de leurs propres ressources. Il s'agit donc de perfectionner uniquement l'administration

1. Chemins de fer roumains ; Postes, Télégraphes, Téléphones ; Régie des Monopoles de l'Etat.

de la régie d'Etat. Mais ce perfectionnement veut d'un côté éviter de compromettre le système lui-même, et d'un autre il vise à l'introduction d'une nouvelle ère dans l'administration publique.

L'organisation économique moderne ouvre un champ d'activité plus large encore à la régie coin-téressée d'Etat, qui voit son application se faire dans les autres entreprises économiques publiques, tant dans la politique économique d'Etat, que dans la politique économique des communes.

L'Etat associe le capital et l'expérience privés à l'exploitation et à la mise en valeur de ses biens et lorsque ces biens n'étaient pas encore en sa posses-sion (ainsi certains des nouveaux droits régaliens) l'Etat devient l'associé des entreprises privées leur imposant des conditions de fonctionnement con-formes aux intérêts généraux de l'économie nationale.

Les défauts de la régie d'Etat jusqu'à présent, imposent nécessairement cette nouvelle forme de mise en valeur des biens de l'Etat.

* * *

Le mode de fonctionnement actuel de la régie d'Etat dans les entreprises économiques publiques, nous autorise le plus souvent, à le condamner comme un système désavantageux pour l'intérêt général. Le manque de responsabilité et le manque d'intérêt des fonctionnaires quant au résultat de l'entreprise, ainsi que le manque d'initiative, soit parce que ces fonctionnaires dépendent et sont encadrés dans l'engrenage d'une administration publique trop vaste et trop complexe, soit à cause de la manière dont ils sont récrutés et engagés, font que ces entreprises économiques de l'Etat languissent, sont incapables de créer ou de concurrencer les entreprises particulières. Le formalisme et la bureaucratie rendent lourde l'exécution des travaux, presque dans toutes les administrations publiques, ils contribuent surtout à ce que ces entreprises économiques de l'Etat restent isolées, car les particuliers évitent d'entrer en relations économiques avec les organes directeurs de ces entreprises, sauf dans le cas où ils espèrent trouver les biens d'Etat peu défendus et alors bénéficier plutôt d'une négligence coupable que des rapports commerciaux proprement dits.

Même si les organes directeurs des entreprises économiques de l'Etat étaient comparables à ceux des entreprises particulières, les dispositions légales

et les pratiques de la comptabilité publique empê-
cheraient même le meilleur esprit commercial de
tirer profit des conjonctures favorables du marché,
tant en ce qui concerne l'achat des matériaux que la
vente des produits de l'entreprise.

En outre, la manière dont la régie d'Etat actuelle
entend diriger les entreprises économiques de l'Etat,
est capable de provoquer des crises politiques qui
menaceraient la marche normale des affaires publiques ou provoqueraient tout au moins des pertur-
bations d'ordre financier. Dans les entreprises économiques l'Etat se sert de fonctionnaires et d'ouvriers. Le fonctionnaire trouve une augmentation à
sa situation matérielle dans le prestige et l'importance sociale, qui lui est procurée par l'autorité
publique. L'organisme de l'Etat est formé par le
corps des fonctionnaires publics de toutes catégories;
or, l'antagonisme ou la lutte entre les fonctionnaires
et l'Etat ne pouvant être conçue, les grèves ou les
hostilités entre les fonctionnaires et l'Etat sont inad-
missibles. Les ouvriers des entreprises de l'Etat
n'ont pas pourtant une autre situation sociale que
les ouvriers des entreprises particulières, et l'Etat
ne peut être autorisé à leur créer une situation maté-

rielle inférieure. Les ouvriers des entreprises de l'Etat font usage de grèves et l'Etat a été obligé d'employer les moyens d'apaisement connus, tel : l'arbitrage, la conciliation, etc... Dans ces conflits l'Etat se trouve pourtant dans un état d'infériorité ; il n'a pas l'élasticité financière nécessaire pour s'accommoder à temps aux circonstances, et très souvent il est forcé d'admettre des concessions irraisonnables, parce que des motifs politiques l'obligent souvent à franchir les limites du bénéfice disponible de l'entreprise qui ne devrait vivre que par elle-même et qui est obligée d'avoir recours au budget général de l'Etat.

*
* *

A cause de ces considérations nous estimons qu'il est nécessaire d'introduire dans les entreprises publiques économiques sans attributions nettes administratives, les principes généraux d'organisation et de direction des entreprises privées, l'Etat se réservant toutefois la possibilité d'accomplir sa mission.

Deux régimes s'imposent actuellement pour bien utiliser les biens de notre Etat.

Les biens de l'Etat, dont l'emploi assure la défense nationale ou forme les grands instruments d'acheminement de l'économie nationale, sont exploités par l'Etat en régie directe. Les autres biens constituent le patrimoine de l'Etat, créés par la nature (le sous-sol, les chutes d'eau, etc...) ou créés par l'orga-nisation et la technique de la vie économique moderne, ainsi la distribution de l'énergie ou du combustible, doivent être exploités grâce à une col-laboration de l'Etat avec ses citoyens sous la forme de la régie cointéressée. Suivant ce critérium, la pré-sente loi a fait deux catégories bien déterminées d'entreprises publiques ayant un caractère écono-mique.

De tout temps, et aujourd'hui surtout à cause de la situation du change, une politique économique d'Etat, qui doit envisager toute l'évolution écono-mique et ses futures applications techniques, ne peut adopter le régime de la concession des biens de l'Etat. Lors de la concession consentie à long terme de certains biens, on ne peut prévoir la valeur qu'ils auront dans l'avenir, lorsque l'unité de mesure des valeurs sera autre, ou lorsque ces biens pourront acquérir des emplois insoupçonnés, soit à cause d'un changement de la technique économique, soit à cause des nouvelles conjonctures de l'économie mondiale.

En outre, l'Etat en concédant ses biens, ne ferait que diminuer l'accomplissement de sa mission sociale, car il n'aura plus la possibilité de sauvegarder les intérêts généraux à venir, qui ne peuvent être prévus au moment de la concession. Pour tous ces motifs, le système de la concession ne rentre pas dans le cadre de la présente loi, qui veut une politique économique générale concrète de l'Etat pour une plus longue période.

Les entreprises économiques de l'Etat en régie directe, seront réorganisées suivant les exigences d'une exploitation rationnelle. Cette réorganisation se fera par des lois spéciales, et la présente loi ne veut donner que des indications générales à ce sujet.

Pour les entreprises économiques de l'Etat organisées sur la base d'une collaboration entre l'Etat et les particuliers, la loi réalise une politique économique nationale, apportant des principes nouveaux dans la législation commerciale et surtout quelques innovations dans l'organisation pratique des entreprises.

Généralement, l'Etat s'associe avec les particuliers à l'exploitation des biens qui constituent son apport social et les particuliers à leur tour viennent avec leurs apports en nature ou en numéraire. Pourtant lorsque l'apport de l'Etat ne peut être évalué, l'entreprise, formée par l'apport non évalué de l'Etat et le capital privé, constitue une association spéciale, dont le capital voit ses bénéfices limités, tout en étant intéressé progressivement aux bénéfices, jusqu'à un maximum à partir duquel tout bénéfice qui le dépasse est attribué à l'Etat.

A la formation du capital de l'entreprise commercialisée, la loi veut empêcher la concentration des capitaux entre les mains de quelques capitalistes qui pourraient ainsi dominer la vie économique et politique du pays. A cet effet, la formation du capital par des souscriptions publiques est obligatoire et ceux qui ont souscrit les moindres actions sont préférés, afin que la grande masse de la population puisse participer et soit intéressée à la bonne marche de l'entreprise, qui met en valeur l'argent public. En outre, quel que soit le nombre d'actions qu'une personne peut avoir, le nombre de voix d'un actionnaire est limité, donc l'entreprise sera dirigée par la grande masse des actionnaires.

En ce qui concerne les droits de l'Etat dans l'assemblée et par conséquent à la direction de l'entreprise commercialisée, ils ont été limités de manière à éviter sa prépondérance, pour ne pas introduire justement les maux dont souffrent les services publics économiques, tant dans le recrutement du personnel que dans les opérations commerciales. Les bénéfices sont néanmoins assurés et garantis par la loi et par l'intérêt des particuliers dans l'exploitation des biens susceptibles de leur profiter; quant à l'apport de l'Etat, il est garanti par son inaliénabilité.

Dans les entreprises organisées conformément aux dispositions de la présente loi, l'Etat assure la nationalité des sociétés par la majorité des membres roumains des Conseils d'administration, par la proportion de 75 o/o du personnel roumain de toutes catégories et par le système des actions nominatives.

Les organisations économiques modernes, quoique nous vivons sous le régime capitaliste, sont influencées par l'esprit de l'époque, qui a relevé le travail et l'a fait jouer le rôle primordial dans toute entreprise économique. Dans ses entreprises ainsi que dans les entreprises où il participe, l'Etat doit donner l'exemple. La marche de l'entreprise doit être influencée par la masse des ouvriers qui la met en valeur par son travail; les biens et les résultats de l'entreprise doivent intéresser en premier lieu cette masse ouvrière. C'est pour cela que la présente loi dispose que le travail doit être représenté dans chaque entreprise et notamment dans les Conseils d'administration, afin qu'il prenne une part à la direction et qu'on lui donne en même temps l'éducation nécessaire pour le cas où cette conception économique (de la participation ouvrière) se fraierait un chemin plus large encore.

En outre, la loi impose la participation aux bénéfices en faveur des ouvriers de toutes les catégories, en plus de leurs salaires et des assurances pour vieillesse ou diminution de capacité de travail. Si l'Etat doit s'intéresser à la préparation économique du peuple et à son bon état, il doit en même temps donner un exemple aux entreprises économiques où l'Etat n'a aucune participation.

En certains cas, ces principes se concrétisent directement dans la loi. Pour éviter toute tendance à l'accaparement capitaliste lorsqu'il s'agit d'une entreprise forestière ou d'une pêcherie par exemple, la loi impose une limite des périmètres donnés en exploitation. Et les ouvriers locaux sont mis en état de faire valoir rationnellement leur pouvoir de travail par la constitution de coopératives de travail les-

quelles sont en état d'entreprendre des exploitations
pour leur propre compte, exploitations procurant
des bénéfices qui reviennent dans une certaine mesure à la coopérative de travail.

* * *

Toutes ces entreprises commercialisées devant
par la suite servir à créer une politique économique
de l'Etat, ont besoin qu'on dirige leurs premiers pas
et en même temps qu'on assure un contrôle sérieux
de leur gestion, afin que les intérêts de l'Etat ne
soient pas mis en danger.

A cet effet, la loi crée un Conseil supérieur de contrôle et d'acheminement des entreprises, qui a en
même temps que la direction des entreprises économiques de l'Etat, la responsabilité de cette direction.
Suivant ses indications et son contrôle, les entreprises commercialisées adopteront la comptabilité
commerciale en partie double et supprimeront ainsi
les formes lourdes de la comptabilité publique Pour
la surveillance des biens de l'Etat dans ces nouvelles
entreprises commercialisées, il faut que le contrôle
soit organisé de manière à entretenir un rapport
étroit avec les grandes entreprises financières et avec

les finances publiques. Les budgets de ces entreprises publiques commercialisées doivent être organisées à l'avance, en même temps que le budget général de l'Etat, puisqu'elles constituent une importante partie des revenus publics. Pour le développement de ces entreprises, le capital privé peut être autorisé à y collaborer à la condition toutefois que l'Etat se voit assurer la conservation de ses biens dans l'entreprise. De cette manière on peut passer de la régie d'Etat, à la régie cointéressée, sans mettre en danger ni la marche de l'entreprise, ni les intérêts de l'Etat. Une fois les entreprises économiques de l'Etat commercialisées, sous la forme de la régie d'Etat ou de la régie cointéressée, le rendement de ces entreprises augmentera et dans la même mesure les revenus publics seront augmentés ; et l'Etat aura ainsi la possibilité de donner, par ses organes, les directions générales économiques, de surveiller les intérêts généraux et de vérifier à chaque instant les résultats de son administration publique.

Le ministre de l'Industrie et du Commerce,

TANCRED CONSTANTINESCO

Le ministre des Finances,

VINTILA I. BRATIANU

Le texte de la loi du 6 juin 1924 concernant la commercialisation et le contrôle des entreprises économiques de l'Etat

Chapitre premier. — *La classification des entreprises publiques ayant un caractère économique*

Article premier. — Les entreprises de l'Etat ayant un caractère économique, entreprises qui seront commercialisées, fonctionneront d'après les règles établies ci-dessous.

Art. 2. — Les entreprises de l'Etat ayant le caractère économique se divisent en deux catégories :

A) Entreprises d'intérêt général appelées à assurer les services publics importants, dont dépend le progrès de l'économie nationale, ou certaines entreprises formant l'objet d'un monopole d'Etat, ainsi que celles concernant exclusivement la défense nationale.

Cette catégorie renferme : les C. F. R. (chemins de fer roumains), P. T. T. (postes, télégraphes, téléphones), R. M. S. (régie des Monopoles de l'Etat), les ateliers spéciaux de l'armée, la Pyrotechnie et la Poudrerie de l'armée, ainsi que leurs ateliers et entreprises annexes, destinées à assurer le fonctionnement de ces entreprises d'Etat.

Les organisations R. M. S. (régie des monopoles d'Etat) concernant la production et la fabrication des tabacs, des allumettes et du sel, destinés à l'exportation, peuvent rentrer dans la catégorie des entreprises mentionnées à l'alinéa suivant.

B) Entreprises ayant un caractère commercial pur, dont l'objet est la propriété de l'Etat, mais qui ne constituent pas son monopole exclusif.

Dans cette catégorie rentrent :

a) Les exploitations des biens miniers et métallurgiques, des stations balnéaires de l'Etat et généralement les industries de toute sorte;

b) Les ateliers de l'Etat de toute sorte n'étant pas liés à l'exploitation des entreprises de la catégorie *A*;

c) La Navigation fluviale roumaine (N. F. R.) et le Service maritime roumain (S. M. R.).

d) L'exploitation des forêts, des pêcheries, des abattoirs et des frigorifères de l'Etat ;

e) L'exploitation des générateurs d'énergie : les charbons, le pétrole, le gaz méthane et les chutes d'eau. Ces exploitations auront lieu seulement conformément aux dispositions de la loi des mines et de l'énergie et suivant le régime adapté à l'intérêt général qui est en jeu.

f) La mise en valeur de tout droit de l'Etat, ainsi la distribution des produits pétrolifères, etc.

Toute autre entreprise commerciale de l'Etat, susceptible d'être assimilée à une de celles classées plus haut, peut être introduite dans l'une de ces deux classes par une décision du Conseil des ministres prise suivant l'avis conforme du Conseil supérieur de contrôle et de direction.

Les entreprises ayant un caractère spécial, ne pouvant être assimilées à celles mentionnées dans l'article 2, seront englobées dans la catégorie A) ou B) en vertu d'une loi spéciale.

Chapitre II. — *Dispositions relatives
à l'administration et au contrôle des entreprises
publiques ayant un caractère économique*

a) De l'administration des entreprises

Art. 3. — Les entreprises commerciales de l'Etat exploitées en régie directe, mentionnées à l'article 2, alinéa A), auront leur capital versé exclusivement par l'Etat et seront administrées suivant les dispositions d'une loi spéciale.

Art. 4. — Les biens et les entreprises de l'Etat ayant le caractère économique, mentionnés à l'article 2, alinéa B, peuvent être exploités et administrés en association avec le capital privé (de préférence formé par la coopération), conformément aux dispositions de la présente loi.

Chaque entreprise sera administrée par un Conseil d'administration, composé de 12 membres au maximum, dont un tiers nommé par le gouvernement et le reste élus par l'assemblée générale des actionnaires.

Un des membres nommés par le Gouvernement représentera les intérêts du travail, conformément à la législation du travail ; le Conseil supérieur du travail, après qu'il aura été créé, désignera un second membre représentant les intérêts du travail.

Le Conseil d'administration élit dans son sein une délégation composée de deux membres, dont un parmi ceux désignés par le gouvernement, délégation qui constitue avec le directeur de l'entreprise le comité de direction de la société.

La gestion des administrateurs sera contrôlée par

un comité de 3 à 5 censeurs, nommés en majorité par le gouvernement, suivant la proposition du ministre des Finances après avis du Conseil supérieur de contrôle et de direction. Les autres censeurs seront élus par l'assemblée générale des actionnaires.

Les membres du Conseil d'administration, qui représentent l'Etat, seront nommés par Décret royal pour une période de quatre années, suivant la proposition du Conseil des ministres et le rapport du ministère respectif, dont l'entreprise dépend. Après les premiers deux ans, la moitié des membres est remplacée par tirage au sort; les remplaçants sont nommés également pour une période de quatre années.

Les membres du Parlement, pendant toute la durée de leur mandat, ne peuvent pas être nommés par le gouvernement dans le Conseil d'administration ou des censeurs d'une entreprise commercialisée.

Le président du Conseil d'administration sera désigné par le gouvernement parmi les membres de ce Conseil. En cas de parité de voix, celle du président décide. Le directeur sera nommé par le Conseil d'administration de l'entreprise. Un commissaire du gouvernement pourra être nommé auprès des entreprises en association avec l'Etat. Cette nomination sera faite par le Conseil des ministres suivant la proposition des départements économiques intéressés d'accord avec le ministère des Finances. Le commissaire du gouvernement peut être remplacé à la suite d'un rapport adressé au Conseil des ministres par les mêmes départements qui ont proposé sa nomination.

Le commissaire du gouvernement assistera aux séances du Conseil d'administration, il aura voix consultative.

Lorsqu'une décision du Conseil sera considérée comme contraire à la présente loi et aux statuts, ou aux intérêts supérieurs de l'Etat, le commissaire pourra demander au gouvernement de suspendre l'exécution de la décision. Le gouvernement saisi de cette demande par l'intermédiaire du département intéressé, après l'avis du Conseil supérieur de contrôle et de direction, devra se prononcer dans un délai de quinze jours. Si le ministère respectif ne se prononce pas dans ce délai de quinze jours, la décision du conseil devient exécutoire.

b) Le contrôle des entreprises commercialisées de l'Etat.
Le Conseil supérieur de contrôle et de direction (acheminement)

Art. 5. — Pour le contrôle des entreprises commercialisées et pour la direction (acheminement) des exploitations, on institue auprès du Ministère de l'Industrie et du Commerce, un Conseil supérieur, composé de :

Un sénateur, élu par le Sénat et un député, élu par l'Assemblée des députés. Les deux siégeront pendant toute la durée de la législature ;

En cas de dissolution du Parlement ou de cession de son mandat, le sénateur et le député élus dans le Conseil supérieur de contrôle et de direction, continueront à siéger jusqu'à la convocation du nouveau Parlement et jusqu'à l'élection d'un autre sénateur et d'un autre député dans ce conseil.

Le président de la Haute Cour des Comptes, ou en cas d'empêchement un conseiller délégué par cette Cour ;

En membre du Conseil des directeurs de la Banque Nationale, désigné par le Conseil des ministres parmi trois membres proposés par le Conseil de la Banque.

Un membre délégué par le Conseil d'administration du Crédit Industriel parmi les membres de ce conseil ;

Un membre du Conseil supérieur de l'économie nationale, délégué par ce conseil ;

Un délégué de l'Union des Chambres de commerce et d'industrie ; jusqu'à la création de cette Union, le délégué de droit sera le président de la Chambre de commerce de Bucarest ;

Un délégué du Conseil supérieur du Travail, après que ce conseil aura été créé, et un délégué de la coopération, désigné par le Conseil supérieur de la Coopération, après que ce conseil aura été créé.

Trois spécialistes, nommés par le Conseil des ministres. Le Président sera désigné par le Conseil des ministres, parmi les membres du conseil, et le vice-président sera élu dans son sein.

Les personnes faisant partie d'un conseil d'administration d'une entreprise d'Etat commercialisée, ne peuvent à la fois faire partie du conseil supérieur de contrôle.

Art. 6. — Les titulaires des départements de l'Agriculture et des Domaines, des Communications, des Finances, de l'Industrie et du Commerce, du Travail et de la Coopération, ainsi que du Ministère de la

Guerre, peuvent prendre part personnellement ou par leurs délégués, ayant voix délibérative aux séances où a lieu un débat, relatif à des questions concernant leur département.

Art. 7. — Les membres du Conseil supérieur seront confirmés par décret royal, suivant la proposition du Ministère de l'Industrie et du Commerce et avec l'approbation du Conseil des ministres. La durée de leur mandat sera de cinq années. Le mandat d'un membre expire de droit lorsqu'il quitte la fonction en vertu de laquelle il a été désigné.

Art. 8. — Pour le recouvrement des dépenses d'organisation et de fonctionnement du conseil supérieur, ainsi que pour l'institution d'un office d'études, de recherches et de directions scientifiques, ou d'écoles pour la préparation technique et professionnelle des travailleurs en général, on prévoira dans le budget de chaque entreprise commercialisée la création d'un fonds spécial représentant 1 o/o du bénéfice net annuel.

A la fin de chaque année, on prélèvera 1 o/o sur le bénéfice net de chaque entreprise en faveur du Ministère de l'Instruction publique, somme destinée à constituer un fonds nécessaire à l'organisation et

l'entretien de foyers et de cantines pour les étudiants
et de laboratoires universitaires.

Art. 9. — Le Conseil supérieur a les attributions
suivantes :

a) Donner son avis sur les propositions concernant
les entreprises commercialisées ;

b) Donner son avis sur les statuts des entreprises
commercialisées, tout en fixant les normes à suivre
pour effectuer la souscription publique en vue de procurer à l'entreprise le capital privé qui lui est nécessaire. Il détermine en même temps les modalités de
participation aux bénéfices en faveur des employés et
ouvriers dans chaque entreprise commercialisée.

c) Évaluer l'apport de l'Etat et des particuliers
dans les entreprises commercialisées ;

d) Donner son avis sur les placements non-amor-
tissables pendant les derniers dix ans de la durée de
l'entreprise commercialisée ;

e) Fixer les normes de préparation des bilans mo-
dèles ;

f) Contrôler l'administration des sociétés ;

g) Donner son avis sur les modifications des statuts et sur les augmentations de capital ;

h) Donner son avis sur la participation du capital

étranger et autoriser l'engagement des spécialistes
étrangers, en cas de besoin absolu.

Chapitre III. — *La constitution, le capital et la gestion des entreprises économiques de l'Etat*

§ 1. — La constitution de l'entreprise

Art. 10. — Le département dont dépend l'entreprise prend l'initiative et propose qu'une entreprise
d'Etat soit commercialisée. Ce même département
prépare les statuts de l'entreprise commercialisée
suivant l'avis conforme du Conseil supérieur de
contrôle et de direction.

Les statuts doivent prévoir l'objet et l'organisation de l'entreprise, l'apport de l'Etat, déterminé
préalablement conformément aux articles 14 et 15,
la collaboration du capital privé, national ou étranger, en numéraire ou sous la forme d'apport en
nature.

Art. 11. — En dehors des dispositions mentionnées plus haut les statuts de chaque entreprise
doivent obligatoirement prévoir :

a) Que les actions seront nominatives et qu'elles

ne pourront être transférées qu'après approbation du Conseil d'administration, sauf le cas où l'entreprise a le caractère coopératif ;

b) Que le nombre maximum des voix d'un actionnaire sera limité ;

c) Que les deux tiers des membres du Conseil d'administration et du comité de direction seront Roumains et que le président ainsi que le directeur général seront également des Roumains ;

d) Que dès que les dividendes dus aux actionnaires auront atteint 15 o/o du capital social, la participation de l'Etat aux bénéfices sera progressive et ils doivent fixer l'échelle de cette progressivité ;

e) Que, dans sept ans au plus tard, la proportion du personnel roumain de chaque catégorie devra être de 75 o/o (comme nombre; salaires, indemnités, etc.).

Art. 12. — Dans les assemblées générales des entreprises commercialisées avec participation privée, le nombre des voix de l'Etat sera limité au maximum au 1/3 du nombre total des voix et au minimum au 1/4 du même nombre.

L'Etat dans l'assemblée générale sera représenté par un délégué du gouvernement, l'Etat ne prend pas part à l'élection des membres du conseil d'administration et des censeurs.

Art. 13. — Les statuts rédigés conformément aux dispositions ci-dessus seront soumis à l'examen de la délégation économique du Conseil des ministres et à l'approbation de ce dernier. Ils seront sanctionnés par décret royal et publiés dans un délai de vingt jours dans le *Moniteur officiel* en même temps que les conditions de la souscription publique et l'indication des établissements de crédit où aura lieu la souscription.

Le contrôle de la souscription publique et la répartition définitive des actions souscrites se fera par les soins d'une commission composée du premier président de la Cour de cassation ou de son délégué choisi parmi les conseillers à la Cour du président du Conseil supérieur de contrôle et de direction ou de son délégué parmi les membres de ce Conseil et du gouverneur de la Banque nationale ou un directeur délégué par lui.

Le Conseil des ministres, au vu du rapport du ministre dont l'entreprise dépend, tout en constatant que les formalités ci-dessus ont été remplies et que la souscription a été couverte, déclare la société constituée. La décision du Conseil sera publiée dans le *Moniteur officiel*.

La société remplira la formalités de publicité, affichage et transcription, prescrites par le Code de commerce.

Toutes les dispositions du Code de commerce, concernant les sociétés anonymes, sont applicables aux sociétés ainsi constituées.

§ 2. — La constitution du capital

Art. 14. — Généralement le capital des entreprises publiques commercialisées prévues par l'article 2, alinéa B, est constitué par l'usage des biens immobiliers, la propriété ou l'usage des immeubles par destination, du fonds commercial et industriel et des meubles destinés à l'entreprise, inventoriés et évalués avant la publication dans le *Moniteur officiel*, publication qui doit comprendre aussi les rapports des experts. Il faut ajouter le capital privé, s'il en existe.

L'inventaire et l'évaluation des apports de l'Etat ou des particuliers se fera par les soins du Conseil supérieur de contrôle et de direction.

L'évaluation reste définitive après l'approbation du Conseil des ministres et sa mention figure dans les statuts de l'entreprise. L'apport de l'Etat est exempt de toute taxe.

Art. 15. — Le capital de l'entreprise peut être augmenté par de nouveaux apports de l'Etat ou des particuliers. L'évaluation de ces apports se fera suivant les formes prévues dans l'article 14.

Art. 16. — Si une évaluation de l'apport de l'Etat est impossible, suivant l'avis du Conseil supérieur de contrôle et de direction, soit à raison de la nature de l'apport, soit à cause de la situation du change ou pour toute autre cause, les bénéfices seront répartis de la manière suivante :

a) Si le bénéfice net réalisé rapporté au capital privé seulement ne dépassera pas 5 o/o, il sera entièrement distribué à ce capital privé ;

b) Si le bénéfice net rapporté au capital privé dépasse 5 o/o, mais est inférieur à 10 o/o, le supplément au-dessus de 5 o/o sera réparti entre l'Etat et les actionnaires par parts égales ;

c) Lorsque le bénéfice est supérieur à 10 o/o, mais n'atteint pas 20 o/o, l'Etat aura droit aux 2/3 de la partie du bénéfice comprise au-dessus du bénéfice maximum dû aux actionnaires particuliers (alinéa *b* ci-dessus).

d) Si le bénéfice rapporté au capital privé, dépasse 20 o/o, l'Etat aura droit aux 3/4 de la partie de ce bénéfice comprise au-dessus du bénéfice maximum dû aux actionnaires particuliers suivant le cas mentionné à l'alinéa *c*).

Cette répartition est un minimum pour l'Etat.

Dans aucun cas le capital privé n'a droit à un dividende supérieur à 35 o/o ; tout ce qui éventuellement dépasserait ce dividende sera attribué à l'Etat. La moitié de cette somme pourra être destinée au développement de l'entreprise.

Art. 17. — En cas de nécessité, le conseil d'administration de l'entreprise peut décider l'augmentation du capital social. En ce cas, l'Etat pourra souscrire une part proportionnelle au capital qu'il a déjà investi dans l'entreprise ; le capital particulier de son côté aura sa part proportionnelle.

Les anciens actionnaires, malgré tout, n'auront le droit de préférence que sur la moitié des nouvelles actions émises ; pour l'autre moitié on donnera la préférence à des nouveaux actionnaires par souscription publique.

La répartition des actions se fera en commençant par les petits souscripteurs.

Art. 18. — Si le conseil d'administration juge nécessaire que l'augmentation du capital se fasse par la
participation des capitaux étrangers, le Ministère intéressé, après avis du Conseil supérieur de contrôle,
fera au Conseil des Ministres une proposition dans
ce sens. Ce dernier pourra autoriser la participation
du capital étranger jusqu'à 40 o/o au maximum du
capital total de l'entreprise de sorte que le capital
national, d'Etat ou particulier, en ce cas, sera de
60 o/o du capital social.

§ 3. — Le capital d'exploitation et la comptabilité des
entreprises commercialisées. Bilan et budget

Art. 19. — Les entreprises, en association avec le
capital privé, organisées conformément aux dispositions de la présente loi, pourront se procurer le capital nécessaire à l'exploitation par l'augmentation de
ce capital et par des emprunts privés conformément
aux statuts et aux dispositions du Code de commerce,
après avis du Conseil supérieur de contrôle et de
direction et approbation du Conseil des ministres.

Art. 20. — Les entreprises commercialisées doivent
rédiger leur bilan annuel le 31 décembre de chaque
année.

Ces bilans rédigés conformément aux statuts de chaque entreprise, seront soumis à l'approbation de l'assemblée générale des actionnaires.

Art. 21. — Un mois avant le 1er janvier, chaque année, les entreprises commercialisées de l'Etat sont obligées de déposer des projets de budget pour l'année suivante. Le Conseil supérieur donnera des indications aux représentants de l'Etat, auprès des entreprises commercialisées, quant à la rédaction de ces projets de budgets.

Les revenus nets dus à l'Etat par les entreprises commercialisées, seront mentionnés dans les budgets du département dont l'entreprise dépend.

Suivant l'avis et les indications du Conseil supérieur, les représentants de l'Etat auprès des entreprises commercialisées peuvent demander que la moitié des revenus nets, s'ils dépassent 10 o/o du capital, soit affectée à la création d'un fonds d'aménagements ou d'emprunts, destiné exclusivement à effectuer de nouveaux placements.

Chapitre IV. — *Dispositions diverses*

Art. 22. — La durée des entreprises commercialisées sera de cinquante ans au maximum : ce délai pourra être renouvelé. Le renouvellement sera autorisé par Décret royal, sur proposition du Conseil des ministres, faite à la suite d'un rapport du Ministère dont dépend l'entreprise et de l'avis conforme du Conseil supérieur.

Art. 23. — A l'expiration du terme fixé pour la durée de l'entreprise et s'il n'y a pas eu de prolongation, le reste en nature des immeubles par destination, dont la propriété constituait l'apport de l'Etat, ainsi que le reste de l'apport mobilier de ce dernier ou de ce que l'entreprise a acquis dans le cours de son fonctionnement, pourra être racheté par l'Etat au prix du coût, déduction faite des amortissements et sans porter préjudice au droit des créanciers.

Pendant les dernières dix années de la durée de l'entreprise commercialisée, les placements et les immobilisations non amortissables dans cet intervalle, ne peuvent se faire qu'en vertu d'une approbation du Conseil des ministres avec l'avis préalable du Conseil supérieur de contrôle et de direction.

Art. 24. — L'administration de l'entreprise publique commercialisée ne peut aliéner aucun des biens constituant l'apport de l'Etat. Néanmoins elle peut participer à la constitution de nouvelles entreprises, à la condition d'être autorisée à cet effet, par le Conseil des ministres, après l'avis du Conseil supérieur.

En dehors de ces participations, les actions de l'Etat sont inaliénables.

Art. 25. — Les biens de l'Etat comme les mines, les forêts, les pêcheries qui de par leur nature, situation ou valeur, ne peuvent faire l'objet d'une seule entreprise, seront commercialisées conformément aux dispositions suivantes :

a) Chaque entreprise minière sera constituée suivant les règles de concessions minières prévues par la loi des mines.

b) Lors de la formation d'une entreprise ayant comme objet l'exploitation des forêts appartenant à l'Etat ou la pêche dans les eaux de ses domaines, le Ministère de l'Agriculture et des Domaines après avis conforme du Conseil supérieur de contrôle et de direction, déterminera les périmètres à exploiter,

tout en assurant une exploitation rationnelle, s'intéressant aux placements à faire à cet effet, ainsi qu'à
la question de la participation du travail régional
par les coopératives locales, ainsi que l'organisation
de la vente des produits.

A conditions égales seront préférées les coopératives paysannes ou urbaines, et même si leur offre est
inférieure de 5 o/o par rapport à la plus favorable,
sans qu'elles puissent céder leur droit.

Art. 26. — Le recrutement des fonctionnaires et
des ouvriers ainsi que le soin de fixer leurs salaires
rentre dans les attributions du comité de direction
de l'entreprise. L'approbation du Conseil d'administration s'en suit. Le personnel roumain sera préféré.

Les fonctionnaires et les ouvriers seront assurés
pour le cas de maladie, d'invalidité, de vieillesse, de
mort, suivant les règles des assurances sociales. La
société doit soigner le dépôt régulier des primes.

Les fonctionnaires techniques de l'Etat, qui auront
servi dans une entreprise d'Etat, commercialisée par
la suite, seront maintenus dans cette entreprise avec
tous leurs droits acquis. L'Etat aura à verser, en ce
cas, à la caisse de pensions de l'entreprise, toutes les
sommes retenues auparavant dans le même but.

Art. 27. — En outre, les fonctionnaires et les ouvriers participeront aux bénéfices de l'entreprise conformément aux dispositions des statuts. En tout cas, la cote de la participation aux bénéfices en faveur des fonctionnaires et des ouvriers ne pourra être inférieure à 15 o/o du bénéfice net de l'entreprise ; cette cote sera distribuée sous la forme et dans les conditions fixées par les statuts de chaque entreprise.

Art. 28. — Les communes, les départements et les institutions contrôlées par l'Etat peuvent commercialiser leurs entreprises ayant un caractère économique conformément aux dispositions de la présente loi. Les entreprises existantes peuvent être adoptées aux dispositions de la présente loi à la suite d'une décision de leurs assemblées générales.

Art. 29. — Toutes les dispositions des lois et règlements antérieurs contraires à la présente loi sont et restent abrogés.

Art. 30. — Un règlement développera les principes déterminés par la présente loi et fixera les détails de sa mise en application.

Imprimerie Jouve et Cie, 15, rue Racine, Paris. — 6378-24